Minus

Une petite dose d'humour,
un zeste de sincérité,
une touche de tendresse...
Minus, des livres pour raconter
les moments qui font la vie
et partager ses émotions
sans tabou ni détour.

« Au départ, j’avais écrit cet ABCDaire pour mon jeune papa de frère. Maman de 3 enfants, j’avais quelques conseils à lui donner avec humour et dérision sur cette nouvelle vie de parents ! Une rencontre inattendue avec Minus m’a permis de concrétiser mon désir secret d'être éditée. »

Eva Monnet

la première année de

....

tout a commencé

le ....

☐ À la maison

☐ À la maternité de

☐ Dans la rue

....

ton père

- [ ] Sans voix
- [ ] Que des mots doux pour me rassurer
- [ ] Que des encouragements comme devant un match de foot

....

mes cris

- [ ] J'ai hurlé
- [ ] J'ai dit tous les gros mots que je connaissais
- [ ] J'ai souffert en silence

....

tes 1ers cris

- [ ] Quel coffre !
- [ ] Un peu longs à arriver
- [ ] Tout petit tout mimi

....

A

COMME

accouchement

Aboutissement de semaines d'attente. La maman y participe davantage que le père, contrairement à la conception beaucoup plus égalitaire. Chaque accouchement se passe différemment. Certaines ont de la chance, d’autres moins (péridurale inefficace, travail trop long, mari en retard…).

pour nous ça s'est passé

☐ Comme sur des roulettes

☐ Comme dans une tempête

....

....

....

....

□ j'ai allaité
....
mois/an
□ j'ai biberonné

allaitement

Action de donner le sein à son bébé. Avantage : les seins sont une fabrique à lait naturelle ; pas besoin de reconstituer le lait en y ajoutant de l'eau, ni de compter (et re-recompter) les mesures en pleine nuit, ni de chercher partout une pharmacie ouverte un dimanche pour s'en procurer ! Sans additif, il est bio et immuniserait les bébés pendant la période d'allaitement. L'allaitement est conseillé mais pas obligatoire. De nombreux bébés nourris au biberon sont devenus des gens très bien.
Inconvénient : pendant ce temps-là, le papa se la coule douce !

mon avis, mon vécu sur la question

. . . .

. . . .

. . . .

. . . .

. . . .

. . . .

. . . .

. . . .

. . . .

. . . .

. . . .

la preuve
en image

Photo de bébé
à coller

areuh

Ce n'est pas le premier mot prononcé par les bébés mais celui des parents pour communiquer avec leur nouveau-né.
Areuh est souvent accompagné d'un sourire béat et d'un hochement de tête. Poutou poutou, gazou gazou... peuvent se retrouver dans cette liste de mots étranges qui dépend de la créativité des parents ! Ne pas en abuser, surtout en public !

mes petits mots pour te parler :

....

....

....

aveugle

Etat dans lequel se retrouvent le papa, la maman, les grands-pères, les grands-mères devant le nouveau-né, pour plusieurs années.
Ce n'est qu'en revoyant certaines photos (bien plus tard) qu'on accepte le fait que, non, ce n'était peut-être pas le plus beau bébé du monde !

☐ c'est un peu vrai

☐ pas d'accord

(Collez la preuve ci-contre)

Nous étions plutôt :

☐ **tout va bien**

On fait coucou jusqu'au bout de la rue pour que tu/on ne pleure(s) pas !

☐ **yes !**

Enfin libres ! On va pouvoir faire la fête !!

☐ **au secours !**

J'ai abandonné mon bébé !!

B

COMME

baby-sitter

Personne à qui est confiée la garde d'un enfant, à l'occasion de sorties de ses parents. C'est souvent la grand-mère qui assume ce rôle la première fois. Le bébé a généralement plusieurs mois, surtout si c'est le premier !

notre première sortie sans toi

Tu avais. . . . . jours/mois

Lieu : . . . .

ta première baby-sitter

. . . .

tu as été plutôt

☐ Sage ☐ Difficile

pour te bercer
nous te chantons

☐ Tout sauf des berceuses !

☐ Des chansons que j'adore inventer

☐ Un medley de tous les classiques du genre

notre chanson préférée
pour te bercer

....

☐ Malheureusement pour toi je n'ai pas l'oreille musicale

☐ Tu as de la chance je suis une très bonne chanteuse

babyphone

Appareil composé d'un émetteur et d'un récepteur qui permet d'écouter ce qui se passe dans la chambre de bébé. Ne surtout pas les intervertir !

☐ les oreilles suffisent

☐ utile, surtout dans une grande maison

☐ impossible de s'en passer

biberon

Récipient qui sert à nourrir le bébé dès la naissance ou après allaitement. Véritable délivrance pour les mamans dont l'allaitement n'a pas été une partie de plaisir. Le papa va enfin pouvoir s'y mettre ! Au-delà de 10 ans, penser à lui offrir une tasse !

bavoir

Armure indispensable pour ne pas avoir à changer son bébé 6 fois par jour. D'abord petit et joliment brodé par la maman pendant la grossesse, il comportera très vite des manches pour finir en écuelle en plastique, le pratique remplaçant l'esthétique.

bercer

Une des activités principales des parents pour essayer d'endormir leur bébé. Peut provoquer échauffements et sciatiques en cas d'abus. Attention à ce que bébé ne devienne pas trop accro à vos bras. La berceuse est en option.

le cadeau
le plus original

....

....

le plus offert

....

....

le pire

....

....

C

COMME

cadeau de naissance

Cadeau que l'entourage du bébé a la joie (ou l'obligation) de lui offrir pour lui souhaiter la bienvenue. C'est Noël avant l'heure ! Le bébé se retrouve souvent avec des dizaines de doudous et de pyjamas taille 6 mois. Heureusement, certaines vendeuses ont laissé le ticket d'échange !

cheveux

Élément de distinction du nouveau-né, avec les yeux. Ils sont un sujet de longues discussions entre les adultes qui découvrent le petit être.

Tu es né(e) :

☐ sans un cheveu sur le caillou

☐ avec beaucoup de cheveux

☐ avec une drôle de coupe

caprice

Envie de l'enfant, souvent incompatible avec celle des parents. Toujours accompagné de cris insupportables. L'endroit préféré pour un caprice est la caisse de supermarché, alimentée en bonbons par des commerçants sadiques.

Côté caprices tu étais du genre :

....

congé maternité

Moment privilégié pendant lequel les parents profitent pleinement de leur nouveau-né au lieu d'aller travailler. Ils n'en sont pas moins fatigués par ce nouveau job !

J'ai repris le travail tu avais :

....

mois/année

La reprise du boulot a été :

☐ très attendue
(après avoir pouponné, j'avais envie de travailler)

☐ bien mieux que prévu

☐ très appréhendée
(je ne me sentais pas prête !)

☐ catastrophique

tu as été gardé(e)

- ☐ à la crèche
- ☐ je ne travaillais pas
- ☐ par ta grand-mère
- ☐ par une nourrice

couche

Invention du siècle. Le premier paquet de couches est toujours de grande marque. Avec le temps (c'est de l'argent !), on expérimente aussi les marques distributeurs. Compter un sac à main de luxe pour les 3 ou 4 années de couches par enfant.
Depuis quelques années, des mamans préfèrent utiliser des couches lavables. Ce choix demande de l'organisation et de la rigueur ! Faire l'essai avant de tout acheter !

☐ testé et approuvé ☐ jamais de la vie ☐ pas convaincue

crèche

Lieu de garde en collectivité. Les places y sont rares. Seuls les pistonnés, chanceux ou très combatifs en profiteront. Harcèlement auprès de la mairie indispensable !

culpabilité

Emotion inhérente à toutes les mamans qui veulent toujours bien faire pour leur enfant.
Emotion moins fréquente chez les papas qui ont tendance à être plus objectifs, plus pragmatiques…

....

....

....

comme doudou
tu as choisi

....

son p'tit nom

....

D
COMME

dent (faire ses dents)

Sujet de fierté quand elles commencent à pousser. On les tient pour responsables de tous les maux du bébé ! Paracétamol, gel sur les gencives : tout est bon pour calmer la douleur et donc les cris incessants.

Ta première dent à .... mois/ans

☐ un enfer ☐ un jeu d'enfant

doudou

Compagnon indispensable de l'enfant. Fréquemment une peluche. Mais certains adoptent une couverture de 2 m^2 ! Une fois que le doudou est officiel, veiller à s'en procurer au moins deux pour des raisons de perte et de salubrité publique. Un doudou perdu, c'est des jours sans sommeil !

Le papa refuse d'intervenir

☐ vrai ☐ faux

E

COMME

épinards

Aliment qui passe directement de la bouche à la couche. Ennemi de la constipation. Nez sensibles s'abstenir. Lingettes indispensables.

éveil

Activité qui permet de stimuler son enfant dans son développement naturel (motricité, langage, échanges affectifs…). Moments de partage entre parents et bébés qui débutent autour de chants, de lecture… Aujourd'hui les sources d'éveil proposées sont multiples. Attention à la surstimulation ! Vive le droit à l'ennui !

Tout ce qu'on t'a fait faire :

- ☐ baby gym
- ☐ éveil musical
- ☐ bébé nageur
- ☐ baby lingue

autres

....

ton faire part

à coller ici

☐ plutôt classique

☐ plutôt imaginatif

☐ complètement fou

F COMME

faire-part

Annonce officielle de l'arrivée du plus beau bébé de l'année ! Le faire-part est devenu un véritable enjeu de créativité pour certains parents. Informations incontournables : la date, le poids, la taille et bien évidemment le prénom (voire le sexe si le prénom n'est pas assez explicite).

fièvre

Signe précurseur d'ennuis.

Première fois où tu es monté(e) à 40° :

dans quel état tu étais

. . . .

dans quel état j'étais

. . . .

ta toute 1re photo de famille

à coller ici

frères et soeurs

Compagnons et alliés pour la vie. Peuvent aussi se révéler les pires ennemis en cas de disputes, jalousies… inhérentes à la vie de famille.
L'arrivée tant attendue du bébé peut aussi être une déception à la découverte de cet envahisseur tout rouge et qui ne cesse de crier, sans se faire gronder par ses parents, lui.

ton rang dans la famille

....

réactions de tes frères et soeurs à ton arrivée

....

....

....

....

....

....

....

papi grany

Vos petits noms

dad

mita

. . . .

. . . .

. . . .

. . . .

pépé

jamie

grandma

g
COMME

gâteux

Se décline aussi facilement en gâteuse. Entraîne une transformation du vocabulaire de l'adulte en onomatopées et bruits étranges envers le bébé… L'usage de la troisième personne devenant de rigueur. « Il est où le bébé ? », « Qui veut la baballe ? », « On a envie de faire dodo ? »…

grands-parents

Adultes pouvant atteindre le degré maximum de dépendance à l'enfant : visites trop fréquentes, cadeaux et bonbons achetés abondamment malgré les remontrances des parents. Très utiles pour remplacer la baby-sitter, et c'est gratuit ! Idéal pour les vacances, surtout s'ils habitent une grande maison au bord de la mer.

Qu'y a-t-il dans ce ventre ?

☐ *surprise*
On ne voulait pas savoir !

☐ *je l'avais deviné*
grâce à mon
6e sens !

☐ *on a voulu savoir :*
9 mois à attendre,
c'était trop long !

grasse mat'

Les parents d'un nouveau-né doivent immédiatement rayer ce mot de leur vocabulaire.

grossesse

Le plus beau des mystères de la nature. 9 mois pendant lesquels le bébé se crée dans le ventre de sa maman. Kilos, vergetures, nausées, fatigue, rétention d'eau, varices, sciatiques sont les « petits désagréments » les plus fréquents. Courage aux mamans qui en cumulent plusieurs, c'est pour la bonne cause.

....

....

....

....

....

....

gigoteuse

Sorte de sac de couchage qui évite au bébé de trop bouger. Peut ressembler à une camisole mais lui permet de dormir sans se découvrir et surtout sans risquer de s'étouffer.

la maman
de ta
maman
le papa
de ton
papa
la maman
de ton
papa
le papa
de ta
maman
ton
papa
ta
maman
ta famille
Collez
les photos
des personnes
clés de la famille

H

COMME

héritage

Les yeux de ta grand-mère, la gentillesse de ton père… L'héritage familial c'est aussi et surtout des ancêtres, des lieux, des anecdotes, des joies, des peines, des rencontres… Ton arrivée dans notre famille est une nouvelle page dans l'histoire familiale dont voici quelques lignes.

Il était une fois ……………………

…………………………………………

…………………………………………

…………………………………………

…………………………………………

…………………………………………

…………………………………………

qui a pleuré de joie ?

I-J

COMME

irrésistible

Qualifie parfaitement le bébé chéri. Tout comme craquant, adorable, merveilleux…

mais aussi ....

....

....

joie (immense)

Sentiment qui envahit les parents dès la grossesse de la maman. Encore plus intense à l'arrivée de ce petit être tant attendu. Se manifeste souvent par des larmes de bonheur.

jumeaux

Au boulot !

K
COMME

kilo

Le poids du bébé est une information primordiale, après son sexe et son prénom. Ces quelques kilos sont à l'origine de nombreuses discussions, comparaisons, inquiétudes...

Tu étais

- ☐ plutôt potelé(e)
- ☐ plutôt crevette

À ta naissance, tu pesais :

. . . .

Le poids de la maman a aussi son importance. En revanche c'est un sujet qui reste secret. En théorie, une grossesse c'est 1 kg par mois. En pratique, c'est souvent 2.

Mais le vrai problème
vient après... les perdre !

- ☐ j'ai vite retrouvé la ligne
- ☐ j'ai dû faire un régime
- ☐ j'ai encore quelques rondeurs

L

COMME

lit

Lieu de vie principal du nouveau-né, surtout s'il a un bon sommeil, de jour comme de nuit. Pendant les premiers mois, certains bébés dorment dans un berceau (héritage familial ou coup de cœur des parents) ou un peu partout...

Tu as dormi :

☐ dans notre chambre

Jusqu'à........... mois/an

☐ dans TA chambre
(hors de question de t'avoir avec nous !)

☐ dans notre lit
(plus facile pour allaiter)

je pense que je suis...

(plusieurs réponses possibles)

☐ Une maman Poule

☐ Une maman hyper organisée

☐ Une maman très câline

☐ Une «super maman» qui assure

☐ Une maman cool, zen et patiente

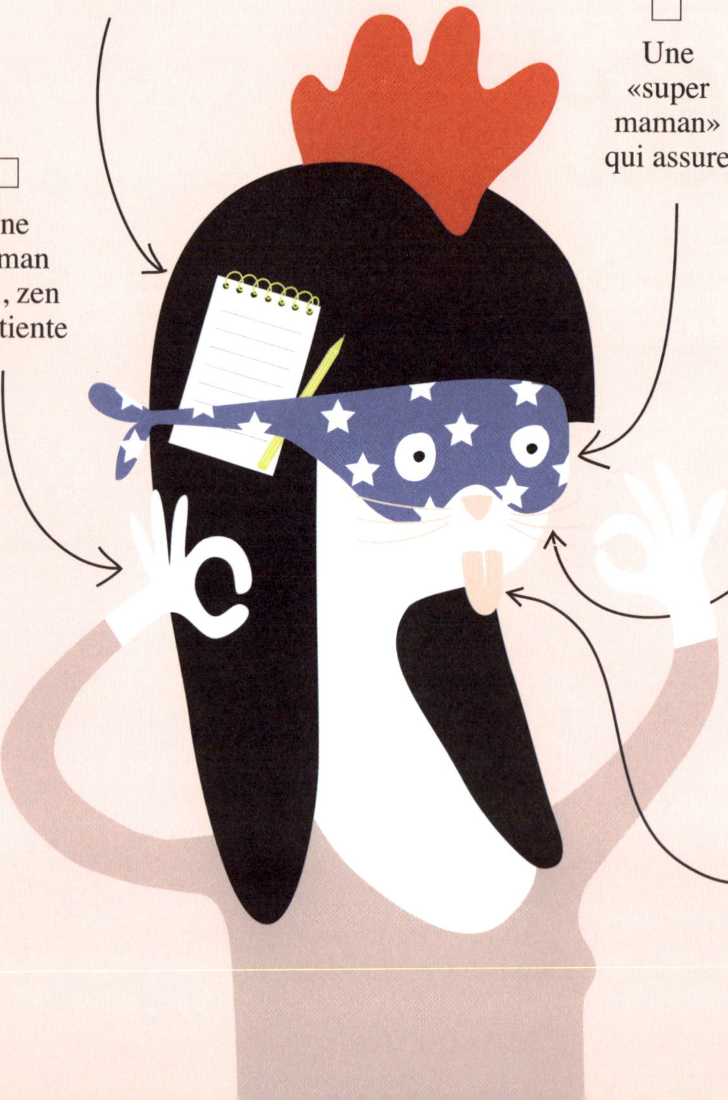

☐ Une maman rigolote

M COMME

marche

Début des ennuis pour les parents : une remise à plat de l'agencement de la maison peut se révéler nécessaire. L'enfant précoce peut marcher vers 10 mois. Les moins pressés atteignent 18 mois voire deux ans.

tes premiers pas

....

maman

Etre multi-fonctions : devenu mère pour son enfant tout en restant la femme de son conjoint, son propre boss ou l'employée de son patron.
Le mot Maman remplace le « je » durant les premières années de bébé : « Maman va t'aider, viens faire un bisou à Maman… ».
Crié par l'enfant, « Maman » précède le « à l'aide, j'ai faim, j'ai mal, je veux… ».

N

COMME

nounou

Personne de sexe féminin (en général) à qui les parents confient son enfant quand elle reprend le travail. Parcours du combattant pour trouver la perle rare ! Attention, la Super Nounou peut être aussi très agaçante avec son expérience ! « Avec moi il mange de tout, elle dort des heures... ». STOP ! C'est qui les parents ?

ta nounou s'appelle

....

Une copine

Bof

Trop présente

Géniale

elle est vraiment

Une vraie mère

De bon conseil

Une vraie perle

Indispensable

Pas terrible

Insupportable

nuits

L'objectif numéro 1 des nouveaux parents est que leur bébé fasse ses nuits afin de pouvoir faire les leurs aussi. « Quand vas-tu faire tes nuits ? » est LA question qu'on pose à son bébé chéri dès le lendemain de cette première nuit interrompue toutes les 3 heures.

pour remédier à cette insomnie collective	options envisagées	options vécues
Rouler en voiture à 21 h pour endormir l'insomniaque	☐	☐
Dormir avec des boules Quies	☐	☐
Mettre de la farine dans les biberons	☐	☐
Simuler une maladie pour laisser l'autre se débrouiller seul	☐	☐
Consulter un ostéopathe	☐	☐

nos réactions face à tes cris et tes pleurs

papa		maman
☐	Arrive instantanément (car cela brise le cœur de t'entendre)	☐
☐	Attend que tu te fatigues un peu avant d'intervenir	☐
☐	A beaucoup de mal à ouvrir une oreille et un œil quand c'est en pleine nuit	☐
☐	Fait semblant de ne pas entendre	☐
☐	A des oreilles qui se sont vite habituées à tes décibels élevés	☐

O

COMME

oreille

Organe surdéveloppé chez la maman. Le moindre bruit de bouche de son enfant peut la mettre en alerte à 4 h 17 du matin.
Le bébé insomniaque a lui aussi ce don d'acuité : le grincement du parquet peut le réveiller en 3 secondes.
Organe souvent « out of order » chez le papa, surtout entre minuit et 10 h du matin !

otite

Infection de l'oreille très fréquente surtout entre 6 mois et 2 ans. Véritable calvaire pour certains parents qui doivent prendre un abonnement chez le pédiatre !

ton papa est plutôt

- ☐ Organisé
- ☐ Autoritaire
- ☐ Macho (un poil !!!)
- ☐ Sérieux
- ☐ Joueur
- ☐ Cool
- ☐ ....
- ☐ Débordé
- ☐ Gaga
- ☐ ....
- ☐ Un vrai partenaire logistique
- ☐ Stressé

P

COMME

papa

Allié plus ou moins volontaire de la maman pendant les premiers mois du bébé. Se révèlera un partenaire sûr au fil du temps, idéal pour chahuts en tout genre. Représente le plus souvent l'autorité. Mais le Papa Poule a tendance à se multiplier depuis quelques années.

parité

Idéal à atteindre pour le bon fonctionnement de la famille. Evolue avec les générations. Le grand-père qui se vante de n'avoir jamais donné un biberon ou changé une couche est souvent horrifié de voir son fils transformé en nurse.

purée maison

☐

J'ai passé des heures avec mon épluche légumes

un peu des deux

☐

J'ai réussi à varier

petit pot

☐

Je suis une piètre cuisinière

ta recette préférée

....

patience

Qualité à acquérir à la naissance de son premier enfant et à développer au fil des années. Peut diminuer au fur et à mesure de l'arrivée des frères et sœurs. Qualité qu'aucun enfant ne développe avant 20 ans !

pédiatre

(toujours en retard)
Médecin réservé à l'enfant. Apprendre à ne pas le déranger de façon intempestive pour une fièvre à 37°6. Avec l'expérience, la maman arrive à ne pas lui téléphoner tous les jours. Bébé reconnaît très vite l'univers et le visage de cet ennemi. Apogée des cris en cas de vaccin. Si son enfant grandit bien, on peut aussi consulter son médecin de famille.

petit pot

(à ne pas confondre avec le pot)
Autre invention révolutionnaire. Idéal pour les parents allergiques aux fourneaux. Permet de nourrir son enfant sans avoir à éplucher, laver, cuire et mixer les légumes ou les fruits. Ne pas culpabiliser : avec ces petits pots, bébé mange plus varié, et toc ! Ils sont même proposés bio. Cependant même pour les cuisiniers peu expérimentés, écraser une carotte, une pomme de terre ou une courgette n'est pas insurmontable.

ma meilleure photo de toi

à coller ici

Je l'ai prise :

quand ?

. . . .

où ?

. . . .

pourquoi ?

. . . .

photo

Envahisseur du téléphone portable des jeunes parents. Aujourd'hui, le bébé est photographié, filmé à chaque heure de sa vie. Il se retrouve même sur des mugs, des porte-clefs ou des magnets, sans parler d'internet !

pleurs

Manifestation bruyante de la contrariété de bébé qui exprime ainsi un besoin ou veut attirer l'attention. Comme il ne parle pas encore, il pleure. Il faut l'accepter, ne pas être traumatisés au moindre cri. Avec le temps, on apprend à reconnaître ses différents pleurs. Il y a des bébés silencieux et d'autres plus brailleurs. Ne pas en tirer de conclusions trop hâtives sur son futur caractère !

Tu étais plutôt un bébé pleurnichard

☐ vrai ☐ faux

poussette

Le plus lourd des investissements des futurs parents. Le papa fait généralement une étude de marché sur les poussettes pendant plusieurs mois. On peut comparer cet achat avec celui d'une voiture (options, couleurs…).

les prénoms en short-list

Le choix de ton prénom est à l'origine :

- ☐ De dizaines de listes
- ☐ De nombreux désaccords

liste maman

....

....

....

....

....

- ☐ De quelques éclats de rire
- ☐ D'heures de réflexion

ton prénom

....

....

....

....

....

....

- ☐ De tirages au sort

liste papa

- ☐ D'analyses du dictionnaire des prénoms
- ☐ D'un accord immédiat

pouce

Doigt fétiche des bébés. Il se tête, se suce, se mordille. Toujours à disposition en self-service, il fait la joie des parents qui y voient souvent un libérateur. Attention, plus tard, il faudra aller chez l'orthodontiste tous les mercredis. D'ici là, profiter des moments de calme du bébé.

Et toi ?

☐ pouce ☐ pas pouce ☐ un autre doigt

prénom

Sert à distinguer le bébé. Se donne à la naissance. Il existe différentes variétés de prénoms : classiques, ethniques, modernes (limite inventés), rétros... Attention avec le nom de famille : Edgar Deleste et Henriette Dumant remercient leurs parents tous les jours !

propre

Contraire de sale. Etre propre signifie ne plus mettre de couche. Les économies commencent ! Premier sujet abordé par toute directrice d'école maternelle qui se respecte. Affirmer que le futur élève est propre, avec un « depuis longtemps » sous peine de non-inscription à l'école. Stage intensif de propreté pendant l'été précédant la rentrée scolaire.

tu as été propre à

....

Avant de marcher, tu t'es bien entraîné(e) à quatre pattes
Tu n'as jamais fait de quatre pattes, tu es passé(e) direct à la marche
Tu as préféré faire des kilomètres sur les fesses

Q

COMME

quand

(« Pourquoi » fonctionne aussi)

Grande interrogation du nouveau parent inquiet de la bonne évolution de son enfant. « Quand va-t-il avoir sa première dent ? », « Quand va-t-il marcher à quatre pattes ? », « Quand va-t-il parler ? »... Les conseils des professionnels sont partout dans les média, sur le net… L'entourage familial et amical n'est jamais à court d'avis ou d'exemples à donner. Rester zen et faire confiance à son enfant.

quatre pattes

Stade transitoire entre la position assise et la marche pour de nombreux bébés. Début des cascades.

ce que tu tiens de
ta mère
ton père

R

COMME

ressemblance

Dès sa naissance, bébé (surtout son visage) est scruté dans les moindres détails. « Mais à qui ressemble-t-il ? » Echanges multiples entre les différentes parties pour déterminer les traits de famille caractéristiques. Anecdotes multiples en perspective ! Les grands-parents sont les mieux informés car ils ont vu les parents du nouveau-né à la naissance ! Rassurez-vous, les ressemblances peuvent évoluer avec l'âge de l'enfant.

En cas d'adoption, les enfants prennent les mimiques ou expressions de leurs parents !

Tu te réveilles plutôt :

☐ en pleurs

☐ affamé(e)

☐ patient(e)

☐ souriant(e)

réveil

Objet remplacé par le bébé. Problème majeur : il est non programmable et se déclenche tout seul à des heures trop matinales, surtout le week-end. Eviter de taper dessus pour l'arrêter.

réalité

Ce qui existe vraiment dans la vraie vie des parents, à l'opposé de la virtualité qui existe surtout dans les magazines ou dans les films. Ne pas se comparer à certaines stars ou princesses pour qui les kilos, la fatigue ou le blues n'existent pas.

rose

Mais non, les filles ne s'habillent pas qu'en rose. Elles ont la chance de pouvoir porter toutes les couleurs. Attention : un bébé bleu sans cheveu est peut-être une fille !

rototo

Désigne le rot du bébé après chaque biberon. Provoque l'extase des adultes. Des dizaines de positions peuvent être testées avant de connaître la plus efficace pour son bébé.

Premier sourire

. . . .

Premier éclat de rire

. . . .

ce qui te fait rire

- ☐ Les bisous prout
- ☐ Les guilis
- ☐ Les « coucou beuh »
- ☐ . . . .

S COMME

sieste

Moment de détente absolue pour toute la famille. Le nouveau-né dort souvent après chaque repas. A partir de 18 mois environ, il dort surtout l'après-midi. Elle peut être crapuleuse en fonction de la forme de la maman. Le papa est toujours partant !

sourire

Premier échange entre personnes qui s'aiment.

....

....

....

....

ta plus grosse tache
....
la plus dégoutante
....
la plus embarrassante
....

T

COMME

table à langer

Meuble indispensable jusqu'à ce que l'enfant soit propre pour éviter le mal de dos.
Ne jamais y laisser un enfant sans surveillance.

tache(s) (obligatoire)

Bijou préféré des enfants. Existe en différentes couleurs et tailles :
- Alimentaires : du lait à la purée en passant par le goûter au chocolat.
- Corporelles : bave, pipi, popo… le corps du bébé réserve bien des surprises !
- Bio : sable mouillé, herbe, terre...

Il faut apprendre à ne pas changer son enfant à la moindre petite tache car il lui faudrait 4 tenues par jour.

ton / mon baby-sitter préféré

☐ Tchoupi

☐ Trotro

☐ Petit ours brun

☐ Aucun : pas d'écran avant 3 ans !!

☐ Autres :

. . . .

téléphone

Aimant à enfants ! Plus drôle qu'un hochet, il est idéal à manipuler par les petites mains de bébé. Ses parents lui offrent très vite un téléphone jouet pour pouvoir récupérer le leur. Les enfants choisissent toujours le moment où les parents sont au téléphone (surtout quand c'est la maman) pour poser une question, faire un caprice… La conversation à deux devient une conversation à trois ! Assez désagréable à suivre par l'interlocuteur au bout du fil !

télévision

Baby-sitter idéale : gratuite et jamais fatiguée. A faire consommer avec modération. La télévision est déconseillée avant trois ans. Bien surveiller les programmes à tout âge.

....

....

tétine (ou sucette, tututte)

Si elle a l'avantage de pouvoir être donnée dès le plus jeune âge au bébé (à l'inverse du pouce qui peine à venir jusqu'à la bouche), elle a le grand inconvénient de tomber et de se perdre dans le lit. Parade possible pour éviter de se lever toute la nuit : en mettre une dizaine dans le lit quand il est en âge de l'attraper !

notre 1re escapade sans toi

. . . .

. . . .

. . . .

. . . .

. . . .

☐ Hors de question !

uvw

COMME

usant

Adjectif qui résume bien la nouvelle vie de parent. Ce terme ne désignera pas les mêmes problèmes en fonction de l'âge et du sexe de l'enfant.

vacances

Période (même courte) à réserver avec son conjoint au moins une fois par an pour la survie de l'espèce en voie de disparition qu'est le « couple non séparé ».

waouh

Cri des parents dont le bébé vient de faire sa première nuit.

Première nuit à ....

□

quelle énergie
tu as besoin d'activité physique.

□

déjà mélodieux
je sens que tu vas avoir l'oreille musicale !

□

quelle créativité
tu inventes toutes les minutes un nouveau morceau !

□

jolie découverte
tu y passes des heures : tout est bon pour explorer !

XY

COMME

xylophone

Instrument de bébé qui, armé de ses baguettes, adore taper sur les lames pour découvrir des sons. Instrument de torture pour les oreilles des adultes qui vivent avec lui.

youpala

(ou trotteur)

Vélo du bébé utilisé jusqu'au 20e siècle. Plus rare de nos jours. Les spécialistes mettent en garde les nouveaux parents devant cet engin qui peut s'avérer dangereux pour le bébé (et pour les meubles de ses parents). Limiter son utilisation en appartement si les voisins sont pointilleux avec le bruit. Permet de mesurer le niveau d'inconscience de l'enfant.

tes 1ers mots rigolos

un CUI-CUI

une ZIRAF

COMME z

z'ai

Remplace souvent le « j'ai » pendant les premières années de l'enfant (« Ze » a aussi beaucoup de succès).

zizi, zézette

Petit nom donné aux parties génitales pour ne pas appeler un « chat » un « chat »... Un des premiers mots de l'enfant, surtout chez les garçons qui sont très fiers de le montrer dès 2 ans.

nous l'avons baptisé

♀

....

♂

....

Tes premiers gros mots

....

....

Ton gros mot préféré

....

zut

Doit remplacer le mot « merde » dès qu'on a un enfant. « Zut » sera beaucoup plus joli dans la bouche d'une blondinette de 3 ans. Permet d'éviter d'avoir honte quand, devant vous, la maîtresse demande à votre enfant d'arrêter d'apprendre ce mot à ses camarades de classe.

nos nouveaux gros mots

☐	☐	☐	☐	☐
Mince	Flûte	Saperlipopette	Zut	....
				....

Zzzzz

Bruit le plus délicieux à entendre.

fin

de ta première année,
vivement la suite...

Collez ici
la photo de votre bébé
devant son tout premier
gâteau d'anniversaire !

ton 1er anniversaire

C'est l'événement de l'année pour toute la famille ! Les invités à ta première fête, tes cadeaux, les anecdotes… voilà encore une journée bien remplie à te raconter.

ce dont je veux me souvenir...

Voici quelques pages pour ne rien oublier de vos meilleures impressions, de vos anecdotes les plus croustillantes et de vos plus beaux souvenirs.

Alors à vos ciseaux, stylos et tubes de colle pour des collages en tout genre : mèche de cheveux, photos, premier ticket de manège... sans oublier ses premiers exploits artistiques...

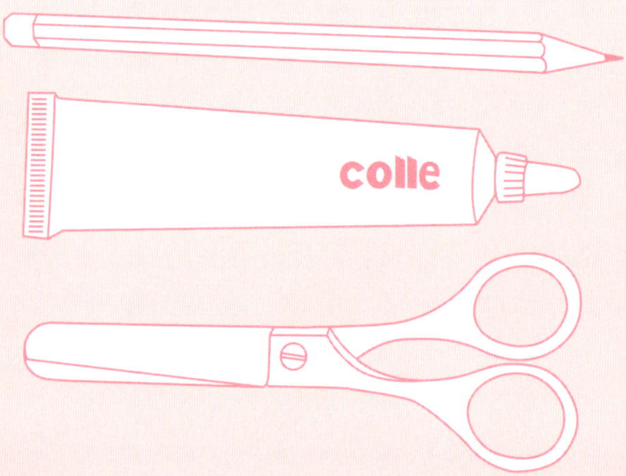

Retrouvez toute la collection
sur www.minus-editions.fr

«9 mois à t'attendre»
«Papi, mamie et moi»
«Telle mère, telle fille»
«Oh my god je me marie !»

Dépôt légal, octobre 2015
Imprimé sur papier issu de forêts gérées de manière durable
avec des encres à base d'huiles végétales chez Pollina à Luçon - L73489.
Loi n°49-956 du 16 juillet 1949 sur les publications destinées à la jeunesse.
ISBN : 979-10-91757-34-8